Inhalt

Plain Packaging - Kritiker monieren massive Eingriffe in die Eigentumsrechte von Firmen

Kernthesen

Beitrag

Fallbeispiele

Weiterführende Literatur

Impressum

Plain Packaging - Kritiker monieren massive Eingriffe in die Eigentumsrechte von Firmen

Harald Reil

Kernthesen

- Ab 1. Dezember 2012 werden in Australien Einheitsverpackungen für Rauchwaren Pflicht.
- Kritiker fürchten, dass die Plain-Packaging-Bewegung von der Tabakbranche auf die Lebensmittelindustrie übergreifen könnte.
- Sollte dies der Fall sein, steht nach Meinung des Rechtsausschusses für Lebensmittelrecht und Lebensmittelkunde

(BLL) die Existenz zahlreicher Einzelmarken auf dem Spiel.
- Das hätte auch massive negative Folgen für jene Teile der Werbeindustrie, die mit Kampagnen für diese Marken ihre Brötchen verdienen.

Beitrag

Büchse der Pandora öffnet sich in Australien

Ein Gespenst geht um in Europa und im Rest der Welt. So empfindet es zumindest die Tabakindustrie. Ihrer Interpretation zufolge wird sich die Büchse der Pandora am 1. Dezember dieses Jahres in Australien öffnen. Denn ab diesem Zeitpunkt sind die Hersteller von Rauchwaren dazu verpflichtet, Zigaretten, Zigarren und andere Glimmstängel in Einheitsverpackungen anzubieten. Die Branche fürchtet, dass der Plain Packaging Präzedenzfall in Down Under Schule machen könnte und malt ihrerseits ein Schreckgespenst an die Wand. Massive Umsatzeinbußen würden zu einem Verlust von Arbeitsplätzen führen. Kritiker führen zudem ins Feld, dass Einheitsverpackungen für Tabakprodukte in der

Lage wären, einen Dominoeffekt auszulösen: Als nächstes könnten gesundheitsgefährdende Lebensmittel wie Salz, Fett, Alkohol, Zucker, Soft Drinks und Fast Food auf der Liste der stigmatisierten Produkte stehen. (1)

Ein Rattenschwanz von Folgen

Auf den ersten Blick scheint zumindest die Marginalisierung von Rauchwaren vernünftig. Die Weltgesundheitsorganisation WHO rechnet vor, dass bis zum Ende dieses Jahrhunderts rund eine Milliarde Menschen dem Nikotinkonsum zum Opfer fallen werden. Auf den zweiten Blick zeigt sich aber, dass die Plain-Packaging-Bewegung einen ganzen Rattenschwanz von Folgen nach sich zieht, die es zumindest fraglich machen, ob sie sich mit den Grundsätzen eines freiheitlich-demokratischen Rechtsverständnisses vereinbaren lassen. Neben der Tabakindustrie machen daher auch andere Branchen, die sich von Plain Packaging bedroht fühlen, gegen Einheitsverpackungen mobil. Ihre Hauptargumente: Plain Packaging verletze die Garantie auf Eigentum, es unterwandere die unternehmerischen Freiheiten, es beschränke das Recht des Konsumenten auf einen ungehinderten Informationsfluss, und schließlich unterhöhle es auch noch die Verhaltensfreiheit von Verbrauchern. (1), (8), (9), (11), (12), (13)

Alles nur heiße Luft?

Sollten sich Einheitsverpackungen auch in der Lebensmittelindustrie durchsetzen, steht nach Meinung des Rechtsausschusses für Lebensmittelrecht und Lebensmittelkunde (BLL) zudem die Existenz zahlreicher Einzelmarken auf dem Spiel. Weiter gedacht, gefährdet die Plain-Packaging-Bewegung aber auch Arbeitsplätze in der Werbeindustrie, und zwar bei jenen Agenturen, die hauptsächlich für Lebensmittel mit gesundheitsgefährdendem Potenzial und Rauchwaren Kampagnen entwerfen. Vielleicht aber entpuppt sich die Diskussion um Recht oder Unrecht von Plain Packaging auch nur als heiße Luft. Die neue europäische Grundrechte-Charta könnte der von Kritikern behaupteten Markenenteignung von Firmen einen Riegel vorschieben. Das hoffen zumindest jene Rechtsexperten, die sich vehement gegen jede Art von Plain Packaging aussprechen. Ausgestanden sei die Sache zwar noch nicht, allerdings gebe es einen Silberstreif am Horizont. (1), (9), (13)

Trends

Urteil des obersten Gerichtshofs von Australien löst Besorgnis aus

Der High Court of Australia hat die Klage von Tabakproduzenten gegen Einheitsverpackungen abgewiesen. Kritiker bemängeln, dass das Urteil internationales Markenrecht untergräbt. Das Urteil hat zudem Besorgnis bei anderen Branchen ausgelöst, und das rund um den Globus. Der Hintergrund: Wenn die gesundheitsgefährdenden Qualitäten bestimmter Erzeugnisse das maßgebliche Kriterium für die Einführung von Plain Packaging sind, müssen ganze Industrien Angst vor Marginalisierung haben. (2), (3)

EU-Gesundheitskommissar will neue Tabakproduktrichtlinie vorstellen

John Dalli will noch in diesem Jahr eine neue Tabakproduktrichtlinie vorstellen. Zwar hält sich der EU-Gesundheitskommissar nach wie vor bedeckt, was seinen Vorschlag angeht, einige Einzelheiten sind aber bereits durchgesickert: Nach australischem Vorbild sollen in Zukunft großflächige Hinweise auf den Packungen gegen die Gefahren des Rauchens warnen. Zigarettenschachteln sollen außerdem wie in der Schweiz in Einheitsgrößen verkauft werden und nicht mehr als zwanzig Zigaretten enthalten. Maxi-Schachteln für Kettenraucher mit bis zu 30 Glimmstängeln wären dann Geschichte. (5)

Fallbeispiele

Schockbilder in Australien

Ab 1. Dezember dieses Jahres werden sich australische Raucher an olivgründe Einheitsverpackungen gewöhnen müssen. Markennamen werden nur noch im Kleinformat zu lesen sein, Logos gibt es nicht mehr. Tabakkonsumenten werden sich zudem an großflächige Warnhinweise und an Bilder gewöhnen müssen, die Schockbilder von krebskranken Menschen zeigen. (5), (7)

Verstoß gegen das Grundgesetz?

Die deutsche Tabakbranche, die Deutschen Arbeitgeberverbände, der Deutsche Markenverband und die Gewerkschaft Nahrung-Genuss-Gaststätten ziehen in der Plain-Packaging-Frage an einem Strang.

Sie wehren sich gegen staatliche Eingriffe und berufen sich in ihrer Argumentation unter anderem auf das Grundgesetz: Ihrer Meinung nach verstoßen Einheitsverpackungen gegen Artikel 5 (Freiheit der Meinungsäußerung), Artikel 12 (Berufsfreiheit) und Artikel 14 (Eigentumsgarantie). Zur Verteidigung ihrer Position berufen sie sich außerdem auf die Warenverkehrsfreiheit, die EU-Charta der Grundrechte und das Welthandelsabkommen. (5)

Produktionsausfälle und Standortschließungen

Die Führung der Weidenhammer Packaging Group, die in Hockenheim ihren Stammsitz hat und deren Tochterunternehmen im englischen Bradford Verpackungen für Tabakprodukte herstellt, ist besorgt. Sie fürchtet, dass die mögliche Einführung von Einheitsverpackungen nicht nur zu Produktionsausfällen führt, sondern sogar bis zur Aufgabe des Standorts führen könnte. Chesapeake Branded Packaging, ein US-amerikanisches Unternehmen, das ebenfalls in Bradford ansässig ist, plagen ähnliche Sorgen. Beide Firmen haben daher zusammen mit lokalen Politikern eine Kampagne ins Leben gerufen, um auf die Gefährdung von Arbeitsplätzen hinzuweisen, sollte sich Plain Packaging durchsetzen. (4)

Kein Plain Packaging für Alkohol

Das britische Gesundheitsministerium hat sich gegen Pläne entschieden, Alkoholika nur noch in Einheitsverpackungen zuzulassen. Es gäbe keine Gründe für die Annahme, diese Maßnahme sei effizient oder auch nur angemessen. Diese Einschätzung steht im Gegensatz zur möglichen Behandlung von Tabakprodukten. Was sie betrifft, überprüft das britische Gesundheitsministerium derzeit noch, ob es sinnvoll ist, diese in Zukunft nur noch im Einheitslook zu vertreiben. (6)

Hands Off Our Packs

Nicht überall stoßen die Pläne des britischen Gesundheitsministeriums, Tabakprodukte künftig nur noch in Einheitsverpackungen auf den Markt zu bringen, auf Zustimmung. Die Bürgerinitiative "Hands Off Our Packs", die von Rauchern ins Leben gerufen wurde, hat seit Februar dieses Jahres rund 235 000 Unterschriften dagegen gesammelt und diese vor wenigen Wochen im Gesundheitsministerium eingereicht. Die wesentlichsten Argumente der Initiatoren: Die Bürger sind nicht dumm. Es ist nicht bewiesen, dass Plain Packaging den Tabakkonsum einschränkt und daher gesundheitliche Vorteile bietet. Raucher werden ausgegrenzt. Die Plain-Packaging-Bewegung könnte auch auf Fast Food und Soft Drinks übergreifen. (10)

Weiterführende Literatur

(1) „Plain Packaging" enteignet Marken
aus Lebensmittel Zeitung 27 vom 06.07.2012 Seite 028

(2) Angst vor Präzedenzfall: Gericht bestätigt Einheitsverpackung für Zigaretten
aus W&V Online-Magazin vom 15.08.2012

(3) Australia's tobacco plain packaging law held to be constitutional and valid.
aus Mondaq Business Briefing (MONDBUSB) (2012) page NA

(4) Einheitspackung gefährdet Standort Verpackungs-Experten fordern Umdenken
aus Die Tabak Zeitung vom 08.06.2012, Nr. 023/2012

(5) Das Ende der Vielfalt
aus Lebensmittel Zeitung 31 vom 03.08.2012 Seite 030

(6) Plain packaging for alcoholic drinks ruled out by government. news
aus Grocer (The), United Kingdom (GROCERFT), 235 (2012) 8061 page 4

(7) Horrorbild statt Marke

aus "Horizont" Nr. 33-34/2012 vom 24.08.2012 Seite 15

(8) Hersteller wollen kämpfen
aus Die Tabak Zeitung vom 17.08.2012, Nr. 033/2012

(9) Lebensmittelbranche fürchtet Dominoeffekt Plain Packaging ist ein Markenkiller
aus Die Tabak Zeitung vom 13.07.2012, Nr. 028/2012

(10) Über 235 000 Stimmen gegen Einheitspackung Briten protestieren
aus Die Tabak Zeitung vom 17.08.2012, Nr. 033/2012

(11) Verpackung auf dem Index
aus PACKREPORT Nr. 7-8 vom 01.08.2012 Seite 003

(12) WHO befürchtet 1 Mrd. Tote wegen Rauchens bis Ende des Jahrhunderts
aus sda - Schweizerische Depeschenagentur Deutsch vom 15.03.2012

(13) Tabakrichtlinie als erster Streich
aus Lebensmittel Zeitung 20 vom 18.05.2012 Seite 024

Impressum

Plain Packaging - Kritiker monieren massive Eingriffe in die Eigentumsrechte von Firmen

Bibliografische Information der deutschen Nationalbibliothek

Die Deutsche Nationalbibliothek verzeichnet diese Publikation in der deutschen Nationalbibliografie; detaillierte bibliografische Daten sind im Internet über http://dnb.d-nb.de abrufbar.

ISBN: 978-3-7379-0801-6

© 2015 GBI-Genios Deutsche Wirtschaftsdatenbank GmbH, Freischützstraße 96, 81927 München, www.genios.de

Alle Rechte vorbehalten. Dieses Werk ist einschließlich aller seiner Teile – z.B. Texte, Tabellen und Grafiken - urheberrechtlich geschützt. Jede Verwertung außerhalb der Grenzen des Urheberrechtsgesetzes bedarf der vorherigen Zustimmung des Verlags. Dies gilt insbesondere auch für auszugsweise Nachdrucke, fotomechanische

Vervielfältigungen (Fotokopie/Mikroskopie), Übersetzungen, Auswertungen durch Datenbanken oder ähnliche Einrichtungen und die Einspeicherung und Verarbeitung in elektronischen Systemen.